AF455538

Alph. FAFART

L'ŒUVRE COLONIALE FRANÇAISE AU TONKIN

HANOI
IMPRIMERIE D'EXTRÊME-ORIENT
1928

Alph. FAFART

L'ŒUVRE COLONIALE FRANÇAISE AU TONKIN

HANOI
IMPRIMERIE D'EXTRÊME-ORIENT
1928

A Monsieur le colonel
Pierre COCHIN,

C'est d'abord comme ancien élève de l'Ecole Fénelon et de l'Ecole des Francs-Bourgeois que j'éprouve une très grande fierté de la marque de bienveillance que vous me donnez à nouveau en acceptant de présider cette réunion.

Vous avez entendu montrer, j'en suis persuadé, que ces deux œuvres vous intéressent à un égal degré. Soyez en bien vivement remercié.

Vous vous êtes attaché depuis peu à l'œuvre des Francs-Bourgeois, mais je suis assuré que vous serez bien vite conquis par le charme que, comme beaucoup, vous y éprouverez et que vous y prendrez un intérêt toujours croissant.

Du reste, le nom que vous portez est depuis fort longtemps vénéré dans cette maison. La famille Cochin est celle qui est le plus souvent mentionnée dans les annales du Cercle.

Dès 1895, le maire du IV° arrondissement de Paris visitait solonnellement le Cercle et l'Ecole des Francs-Bourgeois : ce maire n'était autre que M. Augustin Cochin votre père.

En 1898 un député de Paris présidait l'Assemblée générale du Cercle dans la belle salle des fêtes du pensionnat de Passy où elle se tenait alors : ce député était votre illustre frère, M. le baron Denys Cochin .

En 1913, devenu membre de l'Académie Française, M. Denys Cochin tenait une fois encore, à montrer l'intérêt qu'il attachait à cette maison en présidant à nouveau notre assemblée générale.

En venant à nous, Monsieur le Président, vous ajoutez à la reconnaissance que nous devons à votre famille, car dans le vieil hôtel de Mayenne, parmi tant de noms illustres de nos bienfaiteurs, nul n'est plus sympathique ici que le vôtre.

Sachant votre culte des traditions familiales, je ne m'étonne aucunement que vous vous soyez senti attiré vers l'œuvre si importante, surtout dans les temps présents, à à laquelle se dévouent inlassablement M. Charles Petit et ses collaborateurs, tant à l'Ecole qu'à la Maison de Famille, au Cercle, ou à l'Association Amicale des anciens Elèves des Francs-Bourgeois.

Laissez l'ancien élève de Vaujours, que vous voulez bien honorer d'une particulière estime, se souvenir qu'il est aussi ancien élève des Francs-Bourgeois ; souffrez qu'il se permette de s'adresser à votre cœur en vous demandant ce soir de convaincre vos amis d'ajouter considérablement au bien qu'ils accomplissent à la Société Fénelon en s'intéressant à une œuvre qui la complète, en quelque sorte, et qu'ils acceptent de suivre votre exemple en ajoutant leurs noms à ceux de nos bienfaiteurs du Cercle des Francs-Bourgeois.

Bien sûr, la liste en est déjà imposante, mais ce n'est pas assez encore : il faut plus et mieux, afin de donner à une très belle œuvre le moyen de persévérer sans défaillance et sans anxiété dans la tâche que lui a assignée son fondateur le Frère Joseph : « préparer par une jeunesse saine et pieuse une vie de famille digne et forte ».

Je salue respectueusement les personnes honorables qui ont pris place aux côtés de M. le colonel Cochin, et plus particulièrement Mgr de Guébriant qui a eu la bonté de se souvenir de la joie qu'il m'a donnée maintes fois à Haiphong en me permettant de recevoir chez moi l'évêque du Seetchouen et de Canton.

Hanoi, vue d'un avion : au premier plan, à gauche, la ville indigène, multitude de toits pressés les uns contre les autres. Au second plan, le Petit-Lac avec son pagodon rose. A droite et au delà du Petit-Lac la masse de verdure, piquée de maisons blanches de la ville européenne. A l'arrière-plan une boucle du Fleuve-Rouge.

Lacs Ba-Bé. Un des sites les plus pittoresques du Tonkin. « Tho » manœuvrant de l'arrière leurs pirogues creusées dans des troncs d'arbre.

Retour du Marché aux environs de Hanoi.

L'œuvre Coloniale Française
au Tonkin (1)

L'accueil bienveillant et sympathique que, voici un peu plus de cinq ans, j'ai trouvé dans cette même salle m'a fait répondre avec empressement à l'invitation qui m'a été faite par la direction du Cercle des Francs-Bourgeois de venir à nouveau ce soir vous parler du Tonkin.

Je puis remplir ainsi dans une modeste mesure le devoir qui incombe à chacun des français d'Asie de faire connaître un peu plus nos colonies, d'essayer de montrer comment

(1) Conférence avec projections fixes et cinématographiques donnée le 21 avril 1926 en la Salle des Fêtes du Cercle des Francs-Bourgeois, à Paris, sous la Présidence de M. le Colonel Pierre Cochin.

la France a su mettre en valeur ses possessions lointaines en apportant dans ses méthodes vis à vis des indigènes les sentiments de justice et de bonté qui ont fait de la France en Extrême-Orient le chevalier de Dieu et de la civilisation.

Et parmi ceux qui n'ont pas craint de s'expatrier, quelques hommes vivent dans cette partie magnifique de notre empire indochinois qu'est le Tonkin ; et ces hommes ont puisé tout à la fois au Cercle ou à l'Ecole des Francs-Bourgeois les qualités très particulières et la force d'âme indispensables pour constituer des « caractères » comme il le faut, pour accomplir sans défaillance, là où Dieu a placé ces hommes, dans des conditions les plus diverses, la tâche toujours dure, parfois ingrate ou douloureuse, à laquelle ils se sont consacrés en travaillant tout à la fois pour eux mêmes, pour la France et pour Dieu.

C'est ainsi que le Cercle des Francs-Bourgeois, indépendamment des officiers d'infanterie coloniale, compte dix de ses membres répandus en Indochine, à Hongkong à Singapore : Trois missionnaires, les R. R. P. P. Ruaudel, Barbier et Vandaele, deux administrateurs des Colonies, un ingénieur des Mines, un fonctionnaire municipal, un administrateur de sociétés et de plantations, un fondé de pouvoirs de Banque et un employé de commerce.

Constatez la diversité des professions et des états de nos camarades. En vous disant à grands traits ce soir ce que fut l'œuvre des Français au Tonkin, je suis persuadé qu'un tel sujet vous intéressera d'autant plus, que vous saurez, vous tous, amis de cette maison, que parmi ces français il en est vers qui se porte plus particulièrement notre pensée.

Je tenterai de vous faire voir ce qu'est devenu notre Tonkin. Vous pourrez entendre dire par des esprits chagrins que l'on eût pu faire mieux. Ceux là sont vraiment trop sévères et plus exigeants que ne le sont nos voisins coloniaux anglais, pourtant bons juges en telle matière.

En de nombreuses circonstances, les Anglais ont rendu un hommage, dont il ne sont ordinairement pas prodigues, à nos méthodes coloniales pourtant très différentes des leurs ; et l'un d'eux, grand ami de la France, lord Northcliffe, après un voyage d'étude qu'il fit dans toute l'Indochine peu de temps avant sa mort, n'hésitait pas à marquer, dans les journaux de son pays, l'admiration qu'il éprouvait pour l'œuvre coloniale des français en Asie.

Surtout dans la période qui a immédiatement suivi la campagne du Tonkin, des erreurs ont incontestablement été commises un peu par tout le monde, administration ou colons ; il faut citer parmi les plus caractéristiques de ces erreurs l'établissement du port du Tonkin à Haiphong, dans les vases du delta du Fleuve Rouge quand la nature nous donnait toute préparée à l'établissement d'un port qui eût pu rivaliser de splendeur avec Hongkong, la baie d'Along grandiose et vaste.

Mais tel est le génie français qu'il sait tirer de ses erreurs mêmes un bon parti ; si bien qu'elles n'apparaissent plus souvent qu'aux yeux de critiques ou de professionnels particulièrement compétents. Et après quarante années d'un patient travail, l'ensemble magnifique de l'œuvre française rayonne en Asie d'une si belle clarté que l'éblouissement en résultant pour nos yeux d'occidentaux laisse dans une ombre épaisse qui les dissimule complétement les quelques imperfections — rançons inévitables de la nature humaine — qui de ci de là furent autrefois commises.

Aussi pouvons nous rendre sans réserve hommage au travail des pacificateurs du Tonkin comme aux divers gouverneurs généraux qui surent, dans le passé, encourager l'effort collectif des Français d'Indochine. Parmi tant de noms dont le souvenir reste, retenons ceux de l'Amiral de Beaumont, du commandant Rivière, de Jean Dupuis, du général de Brière de l'Isle, de Paul Doumer, et plus près de nous d'Albert Sarraut qui découvrit sur la route du Tonkin son chemin de Damas.

Parmi les ouvriers de la première heure nous trouvons un capitaine du génie qui est devenu le maréchal Joffre. Il vint récemment à Haiphong, et y reçut un acceuil enthousiaste.

■

Nous allons reprendre ensemble le chemin de l'Indochine pour y retrouver nos amis Francs-Bourgeois. Ceux d'entre vous qui, avec moi, ont fait il y a cinq ans, sur l'écran, ce beau voyage éprouveront certainement un plaisir nouveau à revoir les escales de la route ensoleillée d'Extrême-Orient.

Les voyages, hélas, n'ont pas diminué de prix depuis 1920. Vous vous exclamiez alors à l'annonce du prix du passage pour le Tonkin qui était d'environ 6.000 francs. Que direz vous aujourd'hui en apprenant qu'il faut débourser 12.825 francs pour effectuer ce même voyage !

Nous quittons les côtes de France par un adieu au chateau d'If, et vingt-quatre heures après nous longeons les côtes de la Corse aux Bouches de Bonifacio.

Maintenant dans le soir qui tombe, nous apercevons le groupe des îles Lipari. Au milieu d'elles se détache le cône du Stromboli avec la colonne des laves incandescentes qui coule du cratère.

On éprouve toujours le même enchantement devant le spectacle féérique qui s'offre à nous au passage du détroit de Messine aux premiers feux du matin.

L'Etna, à droite, le front couronné de neige, a calmé sa colère, et Messine a repris sa vie d'autrefois. A gauche, la rive italienne étage ses villes, ses paysages riants ou sévères ; c'est Reggio, la vieille capitale calabraise ; le rocher de Scylla évoquant le gouffre de Charybde si redouté des anciens. Au matin du cinquième jour de navigation, c'est l'arrivée sur la terre africaine.

A Port Saïd une mauvaise surprise attend un Français. Un paquebot qui arbore nos trois couleurs mouille à côté d'un autre qui, insolemment pourrait-on dire, décore sa cheminée de la croix de fer !

Ce vapeur allemand est chargé à bloc ; il atteste la volonté à la lutte que dès maintenant notre ennemi d'hier entend mener avec la même âpreté qu'autrefois.

Pendant la traversée de la mer Rouge, nous aurons plus souvent que nous ne le présagions l'occasion de faire pareille constatation de l'activité commerciale et maritime de l'Allemagne.

Aussi avec moi vous étonnerez vous que notre pays s'endorme sur les vieilles rangaines chères au combisme, que les français perdent la notion de ce qui se passe au dehors, et usent leur activité nationale dans de stériles discussions ; qu'ils assistent, enfin, avec une passivité que nous enviraient les arabes nonchalants que nous croisons dans les rues de Port-Said, à la destruction de la France, par les mauvais bergers qui se sont arrogé le droit de la gouverner.

Mais descendons à terre et nous ne tarderons pas à rencontrer le vrai visage de la France. Par les rues sordides du quartier arabe de Port-Said, nous rencontrerons la blanche cornette de nos Sœurs de Saint Vincent de Paul, la robe de bure de nos missionnaires franciscains, allant vers cette population pour panser son âme et son corps dont il est difficile de discerner lequel est le plus malade.

Ainsi cette vision du crucifix de nos religieux corrige celle de l'emblème qui, sur la cheminée du vapeur allemand, profane la représentation de la Croix. Port-Said est la première terre étrangère, sur la route d'Asie, où s'exerce abondamment la charité française, nous la visitons rapidement, et par le quartier des affaires, au milieu d'une foule de toutes les nations du monde, nous regagnons notre paquebot.

Maintenant nous entrons dans le Canal de Suez.

Vous savez tous que ce grand canal est l'œuvre d'un grand français, Ferdinand de Lesseps. Suez est, au bout du désert, le dernier point qui rappelle un peu la civilisation européenne.

Trois jours de navigation dans la mer Rouge, sous la chaleur suffocante d'un soleil brulant et nous voici à Djibouti coin perdu l'Afrique, au bord du désert, d'où part le chemin de fer que la France construisit pour servir de débouché à l'Ethiopie.

Seuls les vapeurs français desservent Djibouti, port de bifurcation des lignes des Indes et de Madagascar.

Nous resterons maintenant huit grands jours entre le ciel et l'eau dans l'Océan Indien avant d'atteindre la terre d'enchantement qu'est Ceylan où pendant une dizaine d'années vécut un ancien professeur des Francs-Bourgeois, le saint Frère Adrias, qui mourut à la peine en 1919 à Rangoon en Birmanie.

Une promenade à terre nous remettra en mémoire les paysages de cette île prolifique où la légende place le Paradis Terrestre.

En habitués, nous irons de suite vers la mer ou vers Kandy.

En parcourant en auto la belle route qui part de Colombo nous prendrons plaisir à revoir la foule bigarrée et les attelages de petits bœufs menant en trotinant la charrette rustique.

Nous trouverons un doux repos dans une éblouissante lumière sur la belle plage de Mount Lavinia.

Après Colombo, sous le ciel équatorial nous aurons fréquemment l'occasion de contempler des couchers de soleil de toute beauté. Puis à la sortie du détroit de Malacca, c'est l'escale dans la vaste et belle rade de Singapore, dernier port étranger avant d'arriver en Indochine.

Le paquebot remonte pendant cinq heures la large rivière de Saigon et enfin nous accostons en terre coloniale française que nous visiterons rapidement avant de reprendre notre route vers le Tonkin.

Comme les étudiantes françaises qui vinrent, il y a deux ans, visiter trop rapidement l'Indochine, nous pourrons gagner le Tonkin par la route mandarine dont M. Romain

Dorgelès, dans un livre parfois injuste pour les Français d'Indochine, a donné de très belles et très exactes descriptions.

Nous voici arrivés au but de notre voyage.

■

Pourquoi les français sont-ils au Tonkin ? Dans certains partis, qui ont surtout pour préoccupation constante de salir la France à tous propos, on ne manque par d'accuser notre pays d'impérialisme, et notre œuvre coloniale est critiquée tendancieusement par des hommes qui, non seulement ne connaissent pas le premier mot de la politique coloniale de la France, mais sont souvent incapables de situer approximativement les colonies auxquelles ils s'intéressent de si étrange façon. Ils s'efforcent de dépeindre en couleurs sombres le soi disant état d'asservissement dans lequel elles seraient tenues.

Ces critiques sont absurdes, et mon but n'est pas de le démontrer au cours de cette causerie ; mais cependant, pour établir leur mauvaise foi, il est nécessaire de voir rapidement dans quelles conditions la France a été amenée à porter au Tonkin, avec son glorieux drapeau, les bienfaits d'une civilisation qui fut, pour le peuple d'Annam, la cause d'une prospérité et d'un calme dans la paix enfin établie, que ce peuple n'avait jamais connus avant le protectorat français.

Nos jacobins modernes qui parlent tant et avec emphase du droit des peuples à se gouverner eux mêmes, mais qui, si l'occasion s'offrait à eux de mettre en pratique leurs théories, ne manqueraient pas d'appliquer dans toute leur horreur celles en honneur à Moscou, diront peut être que, si nous sommes au Tonkin, c'est sans doute encore de la faute des curés. Pour une fois, ils auront dit exactement la vérité : c'est en effet grâce à nos prêtres de la société des Missions Etrangères que nous sommes au Tonkin.

Une conférence particulière serait nécessaire pour traiter avec l'ampleur qu'il mérite un tel sujet de cette importante question de l'établissement du christianisme au Tonkin. Je souhaite qu'au cours de la prochaine saison d'hiver vienne au Cercle des Francs-Bourgeois un de ces ardents ouvriers

Hanoi : un monument moderne, le Théâtre Municipal.

du Christ qui doivent parfois chercher en France un repos des fatigues d'une longue vie d'apostolat en Extrême-Orient. Je voudrais qu'un missionnaire traite un jour devant vous cette question avec toute l'autorité que seul peut posséder un prêtre des Missions Etrangères. Je ne ferai donc moi qu'effleurer ce sujet.

■

Lorsque Vasco de Gama eut trouvé, par la route du Cap de Bonne Espérance, le chemin nouveau des Indes, les apôtres de l'Evangile ne tardèrent pas à s'engager à la suite de ces premiers navigateurs.

Ce fut d'abord Saint François Xavier qui parcourut victorieusement l'Extrême-Orient, des côtes de Malabar aux îles Japonaises en touchant, dit-on, au Tonkin en 1542. Il mourut abandonné de tous en 1552, dans l'île de Sancian, entre Hongkong et Macao, île que l'on aperçoit en faisant par mer la route de Hongkong à Haiphong, sur laquelle, en l'honneur du grand saint français, s'érige une chapelle que l'on voit du large et que tout capitaine, quelle que soit sa religion, ne manque pas de désigner avec respect au voyageur qui pour la première fois fréquente ces parages.

Des apôtres zélés se pressaient bientôt sur les pas de Saint François Xavier, et c'est à cette époque qu'il faut placer les origines de l'Eglise d'Indochine. Les premiers prêtres qui y pénétrèrent arrivaient du Siam en traversant les forêts cambodgiennes. C'étaient des dominicains portugais de la province dite de Sainte Croix des Indes, dont le siège était à Goa.

Après des tribulations diverses sur lesquelles je suis contraint de passer pour ne pas allonger outre mesure cette causerie (guerres entre le Siam et le Cambodge, persécutions, bannissement, etc...) l'œuvre des dominicains, auxquels s'étaient joints les franciscains et les jésuites, après s'être étendue dans toute la région comprise entre Malacca au sud et Macao au nord, englobant ainsi toute l'Indochine actuelle, subit un temps d'arrêt.

Mais cette période qui s'étendait de 1550 à 1620 devait laisser des traces durables.

C'est en 1602 qu'un conflit politique et commercial éclata entre la Compagnie des Indes et une nation notoirement protestante, la Hollande, conflit qui anéantit tout le travail des missionnaires, et les chrétiens en très grand nombre furent massacrés.

Les dominicains de Manille vinrent alors reprendre l'œuvre de leurs confrères portugais, mais l'avidité commerciale des espagnols, puis enfin l'arrivée de leurs troupes en Annam provoquèrent une persécution sanglante nouvelle contre les missionnaires et les chrétiens. Le supérieur des dominicains espagnols, le Père Diégo Adverte, blessé gravement dans un combat, dut reprendre, avec ses prêtres, le chemin des Philippines.

Il faut attendre l'année 1615 pour assister à la reprise de l'œuvre d'évangélisation par cinq jésuites, chassés du Japon l'année précédente. Puis, en 1627, un premier missionnaire, le P. de Rhodes, arrivait au Tonkin et s'y installait.

Repiquage des jeunes caféiers.

Le Père de Rhodes, originaire d'Avignon, fut le premier prêtre français qui travailla au Tonkin. Il le fit avec un tel succès qu'en 1639 il y avait au Tonkin 82.000 chrétiens répandus dans toutes les classes de la société sans excepter la Cour d'Annam elle-même.

Un tel résultat ne pouvait que pousser les puissances infernales à reprendre leur offensive. Dès 1644 recommença une ère de persécutions qui ne devait se clore que lorsque la France aurait établi sur l'Indochine entière un protectorat pacifique et fécond.

Le Père de Rhodes, devant les ruines sans nombre que laissaient derrière elles ces persécutions sanglantes, se rendit compte que les prêtres occidentaux ne pourraient jamais, à eux seuls, accomplir entièrement la mission divine à laquelle ils s'étaient voués ; il eut le premier l'idée de la création d'un clergé indigène.

Rentré en Europe, le Père de Rhodes, après avoir en vain cherché en Italie, bien que fort de l'appui du pape Innocent X, les premiers collaborateurs dont il avait besoin, revint en France en 1658, où il devait enfin mettre à exécution tous ses projets : la Société des Missions Etrangères était fondée.

Je n'ai ni le temps, ni la compétence, de vous faire l'historique de cette société magnifique dont aujourd'hui, rue du Bac, à Paris, Mgr de Guébriant, le grand missionnaire d'Asie, est le très distingué supérieur général. Je me bornerai à affirmer par ce que j'ai pu constater durant les quatorze années que j'ai séjourné au Tonkin comme au cours des voyages que j'ai effectués au Siam ou au Japon, que si l'influence française n'a pas subi entièrement la déconsidération qu'aurait dû fatalement lui attirer la politique sectaire de nos divers gouvernements depuis 40 ans, nous devons ce prodige à nos missionnaires.

Jamais ne seront exaltés à leur valeur les mérites de ces français dont le patriotisme est inspiré par une abnégation sublime que peut donner seule la foi qui, disent les Ecritures, soulève les montagnes. Donc, en 1658, il était bien consacré aux yeux du monde entier que la France se faisait le chevalier de Dieu en prenant la tête de l'œuvre d'évangélisation en Asie.

En 1660, un premier vicariat apostolique était créé pour toute l'Indochine et le premier titulaire, Mgr de La Motte Lambert, partait accompagné de deux missionnaires, MM. Deydier et de Bourges.

Les voyages alors n'étaient pas aussi rapides qu'actuellement ; les trois voyageurs parcoururent, mais combien plus lentement, l'itinéraire à peu près identique à celui que, 265 ans plus tard, devait survoler le premier français, pionnier des airs dans ces contrées, notre aviateur Pelletier d'Oisy. Les missionnaires, tantôt par mer, le plus souvent par voie de terre, parcoururent l'Arabie, la Perse, les Indes que, comme Pelletier d'Oisy, mais de moins haut, ils traversèrent pour atteindre le golfe de Bengale. De là, ils s'embarquèrent pour gagner Juthia, l'ancienne capitale du Siam, où ils eurent la joie de retrouver une importante colonie de chrétiens annamites catholiques chassés de leur pays par les persécutions.

C'est donc du Siam que partirent les missionnaires qui devaient évangéliser le Tonkin. Mgr de La Motte-Lambert mourut pieusement le 15 juin 1679, et il fut le premier d'une longue suite d'évêques qui, malgré les persécutions autant dire incessantes, ont fait prospérer magnifiquement l'Eglise d'Indochine qui compte actuellement 13 vicariats apostoliques.

Nous arrivons maintenant à une date extrêmement importante pour l'histoire de la France en Indochine. L'année 1775 fut celle du départ pour l'Indochine de Mgr Pigneau de Béhaine, connu actuellement et vénéré de tous et des Annamites même païens sous le nom d'évêque d'Adran.

Je suis contraint de m'étendre un peu sur les événements de cette époque car ils font comprendre la politique de la France au Tonkin. Loin d'être usurpatrice, la France, au contraire, a contracté envers le peuple d'Annam un devoir de gardienne et de protectrice, car elle a été formellement appelée pour cela par le peuple annamite et son roi.

Le port fluvial de Moncay.

Je pense que la connaissance de ce point d'histoire vous era d'un grand intérêt et vous mettra à même de pouvoir combattre, le cas échéant, les erreurs grossières trop facilement répandues pour justifier ce que l'on a appelé ridiculement « l'impérialisme français en Asie ».

Quand, après un an de péripéties nombreuses d'un long voyage, Mgr Pigneau de Béhaine parvint enfin en Indohine, il trouva ce malheureux pays en proie à la guerre ivile, et dans état d'anarchie la plus complète. Après plusieurs tentatives infructueuses, Mgr Pigneau de Béhaine ne ut entrer définitivement en Indochine qu'en 1776 et s'insalla provisoirement au Cambodge.

C'est en 1778 que l'évêque d'Adran noua des relations suivies avec le prince Nguyên-Anh qui venait de reconuérir péniblement, sur les Cambodgiens, les provinces de la basse Cochinchine. Une étroite amitié ne tarde pas à ier l'évêque catholique et le prince païen, amitié qui devait durer indéfectible de part et d'autre jusqu'à la mort de 'évêque.

Notre grand compatriote devenait le conseiller, toujours écouté, du futur empereur d'Annam ; et quand, sous la oussée de l'invasion chinoise augmentée de celle d'autres euples voisins, le prince Nguyên-Anh dut abandonner ses tats, et s'enfuir sur un mauvais bateau, accompagné seuleent d'une centaine de soldats restés fidèles dans l'adverité à leur souverain, il ne tarda pas à rencontrer en mer la onque sur laquelle fuyait, lui aussi, l'évêque d'Adran avec es épaves de ses séminaires à la recherche d'un refuge ouveau.

L'évêque remonta le courage de l'infortuné monarque et 'exhorta à demander l'aide du roi de France pour reconquérir ses états. Après bien des hésitations. Nguyên-Anh onvaincu confiait à Mgr Pigneau de Béhaine son jeune fils e prince Canh, âgé de six ans, avec mission de le présenter u roi Louis XVI à la Cour de France, et il lui donnait égaleent tous pouvoirs pour conclure, avec le roi de France,

un traité d'alliance, et — retenons bien ce mot — de protection.

Voilà le point d'origine de notre protectorat sur l'empire d'Annam, dont le Tonkin est l'une des subdivisions.

C'est en 1786, le 21 octobre, que Mgr Pigneau de Béhaine, accompagné du prince Canh et de quelques mandarins, s'embarquait pour l'Europe. Une année plus tard, il arrivait à la Cour de France. Après de nombreuses difficultés, négociant avec l'art et la patience d'un diplomate consommé, il obtenait, vers la fin de 1787, du roi Louis XVI, la signature d'un traité qui assurait au prince Nguyên-Anh l'aide de la France pour reconquérir son royaume et en avoir la paisible possession.

L'évêque d'Adran se mettait immédiatement en devoir se reprendre le chemin de l'Extrême-Orient ; il repartait avec le jeune prince Canh, et il emmenait aussi un certain nombre d'officiers français qui devaient tout organiser — armée et fortifications et de ces dernières des traces se voient encore en Annam — pour reprendre vigoureusement l'offensive et triompher malgré toutes les difficultés qu'ils devaient rencontrer.

Ce fut une longue et pénible épopée, car la Révolution venait d'éclater en France ; il s'en suivit que les esprits, dans la Métropole, étaient bien éloignés de ce qui pouvait se passer à l'autre bout du monde. Nos officiers furent complètement oubliés, mais ils continuèrent vaillamment la tâche entreprise en ne comptant que sur eux-mêmes en tout et pour tout.

Enfin, en 1802, les derniers ennemis, les « Tay-son », étaient définitivement vaincus, et le prince Nguyên-Anh sous le nom qu'il devait illustrer de Gia-Long, proclamé empereur d'Annam faisait son entrée solennelle à Hanoi.

Mgr Pigneau de Béhaine ne devait pas avoir la joie d'assister à l'apologie de son œuvre, car il mourut le 9 octobre 1799. Par ordre de l'empereur Gia-Long, des funérailles grandioses lui furent faites, et sa dépouille mortelle fut enfermée, avec des honneurs inusités dans un mausolée magnifique, aux portes de Saigon. De nos jours, le tombeau de l'évêque d'Adran est l'objet de la vénération reconnaissante de tous les Annamites catholiques et païens qui gardent vivace le souvenir des immenses services rendus à leur patrie, par ce saint évêque.

Quelles n'eussent pas été, dans les temps que nous traversons depuis la grande guerre dernière, les conséquences pour la cause coloniale française non seulement au Tonkin mais dans toute l'Indochine entière, si Mgr Pigneau de Béhaine avait fait son voyage seulement deux ans plus tard ? Il fut tombé dans une France dévastée par les atrocités révolutionnaires, en pleine Terreur. S'il s'était présenté devant les énergumènes qui gouvernaient la France à cette époque, il y a gros à parier que les jacobins eussent, par l'échafaud, répondu à leur façon à ses projets grandioses, et la France, aujourd'hui ne posséderait pas une des parties les plus riches de son empire colonial ; elle n'eut pas trouvé un appui financier et militaire que l'Indochine, pendant la dernière tourmente, lui a donné abondamment de toutes ses forces, et sans compter.

Une ère de paix fut le résultat le plus immédiat de l'heureux travail de l'évêque d'Adran. Cette paix dura une trentaine d'années.

Le successeur de Gia-Long, l'empereur Ming-Mang, détestait la religion chrétienne et également tous les occidentaux à quelque religion qu'ils appartinssent. Des stratagèmes et des luttes sournoises furent employés pour entraver l'une et se débarrasser des autres ; et quand il se crut assez fort ou assez oublié de la France, Minh-Mang lança, le 6 janvier 1833, l'édit d'une persécution contre les étrangers et contre la religion catholique. Cette persécution devait durer jusqu'en 1862. J'ai vu à Phat-Diêm, dans la mission à laquelle appartient notre ami le P. Barbier un des derniers témoins de cette lointaine époque, le R. P. Deux âgé de 86 ans. Il arriva au Tonkin vers la fin de ces persécutions et fit dans des conditions peu ordinaires l'apprentissage de son apostolat.

Nous venons de voir comment la France fut amenée à devenir la protectrice de l'empire d'Annam ; nous savons maintenant que nous devons cette chose heureuse pour les deux peuples à la demande formelle de l'empereur d'Annam et grâce à un évêque français.

La seconde phase qui précéda l'établissement de notre protectorat au Tonkin fut exclusivement politique et militaire, et un traité, signé entre la France et la Chine, le 9 juin 1885, mettait fin à la campagne dite du Tonkin complétant ainsi l'œuvre commencée par Louis XVI en 1787.

Pourquoi cette campagne du Tonkin fut-elle nécessaire ? Voyons-le très rapidement.

Devant les preuves multiples de la mauvaise foi de la cour d'Annam, la France s'était emparée de Saigon en 1859 afin d'obtenir le respect des traités garantissant la liberté commerciale et religieuse. Mais les choses n'en allèrent pas mieux pour cela ; sournoisement, la cour d'Annam continuait à mettre obstacle à tout ce qui était entrepris dans cet ordre d'idées. Enfin, pour essayer de convaincre qu'elle n'était pour rien dans tous les désordres, la cour d'Annam prétendait qu'ils étaient uniquement le fait des bandes de Chinois et plus particulièrement des Pavillons Noirs et des Pavillons Jaunes. Puis, pensant ainsi donner une preuve irréfutable de son innocence, l'empereur d'Annam demandait enfin l'appui de la France protectrice pour rétablir l'ordre. En réalité, la politique impériale était toute entière faite de duplicité.

En 1873, ce fut l'échec du français Jean Dupuis tentant de joindre la Chine en remontant le Fleuve Rouge, échec dû à l'hostilité des mandarins, qui motiva l'intervention du gouvernement français.

De Saigon, l'amiral Dupré envoyait le lieutenant de vaisseau Francis Garnier négocier avec le vice-roi du Tonkin Nguyên. Celui-ci alors démasqué prit enfin une attitude nettement hostile, et la conséquence immédiate fut la prise par Francis Garnier de la citadelle de Hanoi.

Le 20 décembre 1873, Francis Garnier succombait dans une embuscade, piège tendu par des Annamites qui avaient demandé à négocier.

Ce fut cet acte de traitrise qui motiva la longue campagne du Tonkin ; elle battit son plein vers 1884 et illustra nos annales militaires de glorieux faits d'armes, auxquels restent immortellement attachés les noms du commandant Rivière, de l'Amiral Courbet, de l'Amiral de Beaumont, des généraux Brière de l'Isle et de Négrier, du commandant Dominé et de tant d'autres moins élevés en grades.

La période de pacification dura à peu près jusqu'en 1890, puis graduellement, malgré quelques troubles se traduisant par des attentats de pirates chinois ou de révolutionnaires annamites, tel l'assassinat par des bombes des commandants Mongrand et Chapuis à Hanoi en 1913, le Tonkin trouva enfin le calme et la prospérité, source de sa richesse actuelle, qu'il n'avait jamais connue avant le protectorat français.

■

Voyons maintenant quel fut le travail des Français qui s'établirent au Tonkin et commençons par les missionnaires et les religieux.

Le Saint-Siège, dès 1670, avait décidé la création de deux vicariats apostoliques : le vicariat du Tonkin occidental avait pour chef Mgr Pallu, le vicariat du Tonkin oriental avait pour chef Mgr Deydier, l'un des premiers compagnons de Mgr de La Motte-Lambert. Mais déjà à ce moment le nombre des ouvriers apostoliques était insuffisant et Mgr Deydier dut faire appel aux dominicains de la province du Saint Rosaire de Manille qui, par la suite, furent seuls chargés de l'administration et de l'évangélisation des territoires de la rive gauche du Fleuve Rouge. Ces territoires comprennent actuellement quatre vicariats apostoliques très florissants : celui de Haiphong qui a pour chef Mgr Ruiz de Azua, celui de Bui-Chu confié à Mgr Mugnagori, celui de Bac-Ninh à Mgr Gordaliza, tous trois entièrement aux dominicains espagnols. Le dernier vicariat, le plus pauvre, a été confié aux dominicains français, c'est celui de Lang-son qui a à sa tête Mgr Cothonay.

Repiquage des " Ma " (jeunes plants de riz)

Voilà pourquoi les Français de Haiphong sont surpris de se voir, au point de vue mission. en territoire espagnol ; beaucoup ignorent que la cause en remonte à plus de 250 ans !

Le Tonkin occidental resta donc seul à la société des Missions étrangères.

En 1679, le second compagnon de Mgr de La Motte-Lambert, Mgr de Bourges, succédait à Mgr Pallu. Ce fut ensuite une lignée d'évêques dont les plus célèbres furent Mgr Longer, Mgr Retord, Mgr Theurel, Mgr Puginier. A ce dernier succéda en 1892 l'évêque actuel Mgr Gendreau.

Saluons ce vénérable vieillard à l'activité féconde ! voici 52 ans que Mgr Gendreau arriva au Tonkin ; depuis 34 ans, il est l'évêque de Hanoi. ! Outre le bien immense que sa charité chrétienne a accompli dans sa mission, il a rendu à la cause française des services éminents que personne au Tonkin n'ignore. Il est de ces missionnaires auxquels n'hésitait pas dans un de ses derniers discours à rendre hommage ce député socialiste qui a depuis peu la charge de gouverner l'Indochine.

Ne trouvez vous pas que le gouvernement français se fut grandement honoré en ornant la pauvre soutane de se saint évêque de la croix des braves (1) ?

En 1846 et enfin en 1895, les progrès de l'évangélisation nécessitaient une nouvelle division de la partie du Tonkin et du Nord-Annam confiée aux Missions Etrangères, et aujourd'hui tout le territoire de la rive droite du Fleuve Rouge est ainsi divisé :

1° Ce qui reste du Tonkin occidental est confié à Mgr Gendreau ;

2° Le Haut-Tonkin comprenant toute la haute région du Tonkin, c'est-à-dire les province de Son-Tay, Phu-Tho, Yên-Bay, Tuyên-Quang, Lao-Kay, Son-La, Hoa-Binh et le territoire militaire de Ha-Giang est confié à Mgr Ramond qui fut sacré l'année même de la fondation de cette mission, en 1895 ;

3° Le Tonkin méridional comprend les provinces de Dong-Hoi et de Nghê-An qui administrativement et politi-

(1) Depuis la date où fut donnée cette conférence Mgr Gendreau a enfin reçu cette récompense. La Croix de la Légion d'honneur lui fut remise le 15 août par M. Tissot, ancien résident supérieur au Tonkin — Nous publions en apprendice à cette brochure le beau discours prononcé à cette occasion par M. Tissot.

quement font partie de l'Annam. Cette mission a été fondée en 1846, et son évêque actuel, sacré en 1912 est Mgr Eloy ;

4° Le Tonkin maritime comprend deux provinces bordant le golfe du Tonkin : celle de Thanh-Hoa en Annam, et celle de Ninh-Binh au Tonkin ; elle comprend encore une partie qu'on appelle le Chau-Lao ou Laos tonkinois. Cette mission fondée en 1901 a pour évêque Mgr Marcou qui, sacré en 1895 comme coadjuteur de Mgr Gendreau est évêque de la mission du Tonkin maritime depuis sa fondation soit 25 ans.

Vous voyez que là-bas les évêques sont autrement stables que nos ministres. Il est vrai que le résultat du travail des uns et des autres est fort différent n'est-il pas vrai ?

Nous avons vu très rapidement l'histoire de l'introduction de la religion catholique au Tonkin. Voyons tout aussi rapidement comment nos missionnaires poursuivent leur œuvre.

Les provinces apostoliques du Tonkin, qui comprenent comme nous venons de le voir trois provinces de l'Annam comptent une population d'environ dix millions et demi d'habitants asiatiques et pour la presque totalité annamites. Aujourd'hui, les 82.000 chrétiens de 1.639 dont devenus près de 900.000 !

Evidemment, il reste beaucoup à faire, et le jour apparaît encore lointain où notre sainte religion groupera la totalité des Annamites ; mais il faut considérer que le nombre des prêtes français chargé d'évangéliser le Tonkin s'élève seulement à 187.

Ils sont aidés dans leur tâche par un clergé indigène et des cathéchistes, car la société des Missions Etrangères poursuit le dessein de ses fondateurs et s'efforce de satisfaire aux instructions des Souverains Pontifes touchant la formation d'un clergé indigène. Mais en présence des résultats déjà acquis, faut-il dire que l'apostolat en Extrême-Orient a été un *échec complet* comme l'affirmait il y a quelques années un membre du clergé français avec d'autres personnes assez mal informées de ce qui se passe au Tonkin, jugeant avec beaucoup trop d'ardeur et aussi beaucoup trop d'ignorance ?

■

Mais, avant de songer à former des auxiliaires, le jeune missionnaire doit se former lui-même et s'adapter à une vie, très différente de celle de France, qui deviendra la sienne pour toujours. Ce qui grandit nos prêtres français aux yeux des Annamites, c'est précisément leur adaptation complète aux conditions d'existence d'un pays qu'ils veulent aimer jusque dans la mort puisque la plupart de nos missionnaires dorment leur dernier sommeil dans les humbles cimetières des villages qu'ils ont évangélisés.

Voici une vue qui représente l'un des notres, le P. Barbier, tel qu'il arrivait au Tonkin en 1890. Combien d'entre nous se rappellent la cérémonie émouvante de la messe qu'il célébrait aux Francs-Bourgeois il y a 36 ans ? Il partait comme partent tous nos jeunes missionnaires dans l'ardeur et l'enthousiasme de ses jeunes années. Le voici à son arrivée à Yên-Bay, aux soins d'un autre missionnaire qui à cette époque avait déjà dix ans de mission, le P. Méchet, que j'ai eu le bonheur, il y a quelques semaines d'amener au Cercle des Francs-Bourgeois.

Notre ami a commencé, comme tous ses confrères, l'étude de la langue annamite : première épreuve et non des moins pénibles.

Un peu plus tard, le missionnaire se verra confier une paroisse combien différente de celles de France ! C'est souvent un district grand comme un département français. Ainsi à Huu-Lê, sur la la frontière laotienne, le P. Barbier était à 50 kilomètres du missionnaire français le plus rapproché de lui. Le ministre de Dieu peut donner libre cours à l'élan de sa charité.

Il commence par construire des églises, car il a des chrétientés un peu partout. Il faut aussi qu'il construise sa « cure » car, à côté de l'église, dans le village même, ceinturé par sa muraille de bambous, il va habiter, seul Français presque toujours, au milieu des Annamites dont il partagera complètement l'existence.

La « cure » du missionnaire de la brousse tonkinoise ne ressemble guère à celles de nos curés des campagnes françaises ; c'est souvent l'humble demeure du plus modeste paysan tonkinois. Il bâtit sa demeure et son église où il peut, le plus près possible de ses paroissiens, parfois au bord d'un fleuve et alors, au moment des inondations, dans sa colère dévastatrice, le flot de la rivière, rompant les digues emporte la frêle habitation du missionnaire.

A côté des pauvres chrétientées de la brousse cambodgienne par exemple, nous touchons à un luxe relatif en voyant les bâtiments de la mission de Hung-Hoa, où notre ami le P. Vandaële est procureur.

Un des évéchés les plus importants est celui de Hanoi où siège Mgr Gendreau. Partout où réside un vicaire apostolique, l'installation des cures et de l'évéché est toujours plus solidement exécutée ; la brique et la tuile remplacent la terre battue et l'herbe à paillotte de la brousse.

La plupart des églises ont été construites par les moyens matériels des missionnaires, et au fur et à mesure des progrès de leur apostolat. Bien souvent, ils en furent à la fois les architectes et les entrepreneurs ; mais combien, parmi ces temples que daigne habiter le Dieu de l'Eucharistie, sont aussi pauvres que la crèche de Bethléem !

Quel contraste, par exemple, dans la région cambodgienne, avec la splendeur évoquée par la pierre, ou bien celle d'un passé qui n'a laissé que des ruines, mais quelles ruines ? ou bien du faste actuel de la cour de Phnom-Penh, et de la pagode royale de Pnom-Penh.

Dans les vastes cours du palais de Pnom-Penh, les ministres arrivent à l'audience royale quotidienne pendant qu'on prépare le cortège d'une promenade royale ou simplement la sortie vespérale de quelque petit prince royal. A côté de ces évocations du présent ou du passé, la maison de Dieu dans la brousse cambodgienne est simplement une misérable batisse en planches sur laquelle la croix s'érige au faîte d'un toit branlant.

Si l'église de brousse est dans d'autres endroits plus solide, elle reste dans la même note d'humilité.

Pauvres temples où le tam-tam, faute de cloches. annonce les offices ou l'angelus !

Au Tonkin, où les chrétiens sont plus nombreux, le zèle de nos missionnaires a fait des merveilles. Souvent le style local adapté à l'église lui donne un cachet particulier et parfois remarquable, telle la cathédrale de Phat-Diêm. Ces grands bâtisseurs d'églises furent des missionnaires parfois connus de nous. C'est le R. P. Méchet qui a à son actif la construction d'une vingtaine d'églises au Tonkin, et le R. P. Vandaele qui marche sur les traces.

La massive cathédrale dont les tours dominent l'immense agglomération franco-indigène de Hanoi fut construite par Mgr Puginier avec tout le soin digne d'un monument devant affirmer, dans notre protectorat asiatique, l'importance de l'œuvre apostolique de la France.

■

Pour perpétuer leur œuvre, les missions portent un soin tout particulier à la formation d'un clergé indigène.

Au Tonkin existent des « maisons de Dieu » fondées par les évêques. C'est cette institution qui a permis de donner aux missionnaires les auxiliaires dont ils ont besoin pour les vastes régions où il faut que pénètre la connaissance de Dieu.

Dans les familles depuis plusieurs générations chrétiennes on se fait un point d'honneur d'offrir un enfant à la maison de Dieu. Et, je vous citerai par exemple comme digne de remarque la famille du frère indigène des Ecoles chrétiennes qui m'était adjoint pour la direction de la maîtrise de la cathédrale de Haiphong. Il fait partie d'une famille de sept enfants. Deux sont frères des écoles chrétiennes, deux sont prêtres, et une fille est religieuse. Et cela, bien que tous soient dans une situation de fortune particulièrement aisée en Cochinchine.

Le hersage de la rizière

Rarement sont acceptés les enfants de chrétiens nouveaux car il leur manque ce fond de christianisme nécessaire pour se dévouer au salut des autres. Egalement, le missionnaire se fait une obligation d'écarter les fils aînés pour entrer à la maison de Dieu. Il se montre ainsi respectueux des saines traditions d'un peuple chez lequel la famille constitue la cellule respectée, protégée par les lois, et qui fait sa force. Amère constatation, en passant, de la différence entre ce qui se passe en Annam et ce qui se passe actuellement en France !

Si les missionnaires évitent avec soin de porter leur choix sur l'aîné d'une famille, c'est parce qu'à l'aîné, à la mort du père, revient, avec la plus forte part d'héritage, l'obligation de continuer la lignée des ancêtres.

Dès l'âge de douze ans, les enfants s'habituent à servir le prêtre à l'autel et apprennent les premiers éléments de la grammaire latine.

Ceux qui peuvent étudier et qui, par leur conduite générale donnent quelque espoir, sont admis vers 15 ans au petit séminaire. Les autres sont ou bien renvoyés dans leurs familles ou restent s'ils le désirent au service d'un missionnaire. Ainsi admis à la maison de Dieu, les enfants sont à la charge de la mission tant qu'ils y demeurent.

Les études au petit séminaire durent six ans, sous la direction d'un ou de deux missionnaires aidés de professeurs annamites.

Notre ami le P. Vandaele, au séminaire de Ha-Thach, professa pendant vingt ans avant de devenir le procureur de la Mission du Haut-Tonkin.

Leurs classes terminées, ces élèves sont envoyés au service d'un missionnaire ou d'un prêtre indigène ; puis au bout d'un an, ils passent un examen pour l'obtention du diplôme de catéchiste. Notre jeune enfant du début a alors environ 22 ans.

Beaucoup restent catéchistes et aident ainsi le prêtre dans son ministère sacerdotal. Après deux ou trois ans, une élite se distingue dans laquelle, avec une extrême prudence, les évêques choisissent ceux qui sont appelés au sacerdoce.

Ceux-là entreprennent au Grand Séminaire l'étude bien ardue pour eux de la Philosophie, puis de la Théologie, et enfin reçoivent les Saints Ordres vers 35 ans. Ils sont alors répartis dans des paroisses d'un district à la tête duquel est un missionnaire blanc dont ils dépendent directement.

Ce mode de recrutement a eu d'heureux résultats. Le Tonkin compte actuellement de nombreux prêtres indigènes qui sont en général bons et pieux ; l'esprit ecclésiastique les pénètre peu à peu et aussi le détachement des biens de ce monde, toutes choses si contraires à l'esprit de l'asiatique toujours prêt à abuser de son opulence ou de son autorité.

La foi de ces prêtres est assez ardente pour produire des martyrs. Notre chapelle des Francs-Bourgeois a l'avantage de posséder un témoignage par les reliques, qui lui ont été données il y a quelques années, des martyrs annamites de Haiduong.

Faut-il élargir la question du clergé indigène en visant dès à présent à établir son autonomie ? C'est là s'inspirer un peu vite des méthodes que, dans l'administration indochinoise, un nouveau Gouverneur général brûle d'appliquer avec l'ardeur aveugle et néfaste de son esprit socialiste, en mal de célébrité chez les électeurs du Plateau Central. Cette question du clergé indigène est une des plus graves questions qui se pose, je le sais, à l'esprit de nos missionnaires et de nos évêques tonkinois. Verrons-nous jamais ce clergé capable de se conduire seul et de se perpétuer par ses propres moyens ? Ce but, évidemment, est celui que l'Eglise poursuit au Tonkin comme ailleurs. On peut compter sur elle pour y mettre tout le temps voulu et ménager les transitions utiles ; à moins, toutefois, que les maladresses officielles, en éveillant et surexcitant les passions nationalistes, ne rendent sa tâche par trop difficile.

Ainsi composée, la société ecclésiastique fait rayonner sur le Tonkin l'activité bienfaisante de ses œuvres multiples.

■

Avec un zèle toujours aussi ardent, bravant la chaleur d'étuve d'un soleil implacable, le missionnaire visite fréquemment son vaste district dans les campagnes fertiles où à perte de vue se cultive le riz. Sur les routes aux paysages grandioses, le missionnaire chemine en priant Dieu.

Dans la brousse, il lui faut parfois passer sur des ponts appelés là-bas « ponts de singe » qui ne rappellent guère ceux qui enjambent la Seine à Paris !

C'est, enfin, parfois la brousse aride, désolée, et sans nul abri qu'il lui faut parcourir.

Caféiers âgés de 8 ans.

Le plus souvent c'est le « sampan », sorte de barque à fond plat, construite avec des planches ou des bambous tressés, qui sera le mode habituel de transport du missionnaire (notre ami Barbier en sait quelque chose ?) pour faire ses tournées.

Sur les eaux calmes d'un large canal ou sur celles, rapides d'immenses fleuves, auprès desquels la Seine est minuscule, naviguera la barque apostolique.

Tel par exemple le Song-Day à proximité du séminaire de Ké-So dépendant de la mission de Hanoi ou dans la haute région, le Song-Da, que parcourt souvent l'infatigable constructeur d'églises qu'est le R. P. Méchet.

A l'occasion, sur la route, le missionnaire tente de vaincre le mal ou le vice qu'il rencontre, tel le fumeur d'opium en proie à sa passion dégradante.

Arrivé au village chrétien. il sera accueilli avec un empressement respectueux que connaît rarement un autre français si élevé fût-il dans la hiérarchie administrative.

Le missionnaire fait le tour du village ; il s'inquiète des besoins de chacun, visite les malades, et s'intéresse aux travaux des champs et aussi au travail de l'artisan. Puis, il va vers ses protégés de prédilection, les enfants des écoles que le missionnaire a confiés à des catéchistes et aussi les pauvres vieux de l'asile dont seule la Mission a fait les frais.

La misère de ces vieillards et de ces enfants est bien grande. L'existence de tous ces pauvres gens est rendue moins triste grâce à la providence qu'est pour eux la Mission de notre ami le R. P. Vandaele dans le Haut-Tonkin.

Perfection des perfections dans l'exercice de la charité chrétienne ! Voyez ce groupe de parias dont s'éloignent tous les êtres humains. Ce sont les lépreux des deux sexes recueillis dans les léproseries créées et entretenues par les Missions, et par les Missions toutes seules, qui ne reçoivent pas la moindre subvention officielle.

Ces pauvres infirmes sont soignés avec un dévouement admirable par des Sœurs de Charité, celles de l'ordre de Saint Paul de Chartres, au Tonkin et qui, elles aussi, forment parmi les indigènes des auxiliaires dévouées.

Parfois, c'est l'évêque lui-même qui accompagne le missionnaire en tournée d'inspection. Les moyens de transport ne varient pas avec la qualité du voyageur. Vous en jugerez

Haiphong. — Chaloupes chinoises et sampans sur le Sông Tam-Bac.

Vallée de Nguyén-Binh encaissée dans le plateau calcaire. Méandres d'un sous-affluent du Song-Bang-Giang. A l'horizon dents de scie caractéristiques

vous-mêmes en voyant ici l'évêque du Haut-Tonkin, Mgr Ramond, accoster la rive du Fleuve Rouge où les chrétiens du village voisin sont venus à sa rencontre. Vous ne trouverez rien d'approchant, je gage, dans les visites épiscopales du vénéré cardinal Dubois dans son diocèse parisien ?

Mais, les chrétiens annamites savent faire à leurs évêques un cortège à leur façon, grandiose et pieux, qui vaut bien ceux de nos foules parisiennes. Ils profitaient récemment du sacre de Mgr Chaize, nommé coadjuteur de Mgr Gendreau, évêque de Hanoi, pour donner libre cours à leurs démonstrations.

Dans les grands centres, les cérémonies religieuses ont parfois toute l'ampleur de celles de France. Surtout quand elles possèdent des groupes constitués en Maîtrise qui assurent, sous la direction de quelques laïcs, qui aident ainsi faiblement leurs missionnaires, la célébration des offices religieux dans des formes extérieures qui rappellent celles de France. Ces cérémonies souvent très belles font un instant oublier, pendant l'office divin, la grande distance qui nous sépare des belles églises de France où jadis nous avons prié.

Ainsi servait la Maîtrise, entièrement indigène, de la cathédrale de Haiphong ; elle fut fondée en 1913 grâce à la ténacité et à la patience d'un homme admirable, dont la charité ne connaît pas de bornes, le R. P. Baro, dominicain espagnol, curé de la paroisse annamite de Haiphong.

D'autres fois, les réunions générales autour du vicaire apostolique, à l'occasion des retraites ecclésiastiques, sont pour nous des occasions de constater leur petit nombre. Vous voyez ici tous les missionnaires du Haut-Tonkin réunis autour de leur évêque vers la fin de 1924. Je fais avec intention projeter plus particulièrement cette vue entre beaucoup d'autre parce que je sais que, dans l'assistance qui m'écoute, quelques-uns parmi vous reconnaitront un frère dans le P. Vandaele, un fils dans le P. de Neuville, tous des amis.

Les missionnaires au Tonkin ont de la part des colons français la satisfaction d'être auprès d'eux en grande sympathie.

Souvent des Français profitent d'une excursion pour venir égayer un peu les missionnaires perdus loin des grands centres. Voici, à Phat-Diêm, Mgr Marcou et quelques-uns de ses missionnaires — et parmi ceux-ci notre ami le R. P. Barbier — recevant un groupe de Français de passage à Phat-Diêm justement le jour de la procession de la Fête-Dieu.

Les chrétiens indigènes aiment tout particulièrement cette fête qui leur donne l'occasion de manifester leurs sentiments avec cet éclat à grand renfort de pétards cher aux Annamites.

Ce fut, pour les visiteurs de Phat-Diêm, l'occasion de parcourir une mission unique dans toute l'Indochine.

Les églises et chapelles sont groupées autour de l'imposante cathéudrale conçue dans le plus pur style annamite.

Cette belle mission est entièrement l'œuvre d'un prêtre annamite très célèbre, le R. P. Six. Elle constitue une preuve éclatante, entre beaucoup d'autres, de l'excellence de nos missionnaires pour la formation d'un clergé indigène.

Devant la cathédrale de Phat-Diêm se trouve le tombeau du P. Six. Originaire de Dao-Duc, dans la province de Thanh-Hoa, où il naquit en 1825, ce mandarin de la cour de Huê qui devait prendre plus tard le nom de R. P. Six, pouvait prétendre aux plus grands honneurs ; mais fervent chrétien, il devint un prêtre tellement zélé qu'il fut arrêté et violemment persécuté.

Remis en liberté en 1863, il fut chargé du ministère paroissial du Thanh-Hoa. Usant de sa haute influence, il joua un rôle intermédiaire très important entre la Cour d'Annam et les autorités françaises.

Il mourut en 1899, laissant à Phat-Diêm une œuvre qui immortalisera son nom dans tout l'Annam et le Tonkin ;

en reconnaissance des services qu'il rendit à la cause française, le gouvernement français déposait sur son cercueil la croix de la Légion d'honneur.

En 1925, le défunt empereur Khai-Dinh profitant des fêtes de son quarantenaire, honorait de manière toute particulière son sujet, le proclamant comme l'un des meilleurs artisans de l'union de la France et de l'empire d'Annam. Pour en témoigner hautement, l'empereur Khai-Dinh remettait à un neveu du P. Six un brevet de baron de Phat-Diêm dans lequel était fait l'éloge du prête annamite. La fête donnait lieu à d'imposantes cérémonies rituelles et mandarinales pour célébrer la mémoire de celui qui contribua à la pacification du Tonkin et à la mise en culture des régions avoisinant la mer.

Avec notre ami Barbier, faisons le tour de la mission de Phat-Diêm. Nous ne pouvons avoir un guide meilleur, il la connaît dans ses moindres coins pour l'avoir habitée pen plus de 20 ans. Nous partons de cette chapelle de pierre, véritable merveille de sculpture, où chaque matin le R. P. Barbier célèbre la Sainte Messe.

Montons dans un des clochers de cette cathédrale, et de là-haut, nous dominerons tous les environs.

Pendant plus d'une heure nous parcourrons dans tous les sens une magnifique mission dont je vous ai parlé en détail dans la causerie que je faisais dans cette même salle en 1920.

Saluons, en quittant la mission de Phat-Diêm, le doyen des missionnaires dont je vous ai parlé tout à l'heure, le R. P. Deux, aujourd'hui âgé de 86 ans, et qui n'a jamais revu la France depuis 62 ans !

Les missions trouvent dans les religieux et les religieuses, les auxiliaires dévoués dont ils ont besoin pour répandre dans la population annamite les bienfaits de l'assistance aux malades et aux vieillards, et l'instruction chrétienne.

Voici un modeste hôpital dû à l'initiative de notre ami le R. P. Barbier, à la frontière du Laos, à Huu-Lê. Des sœurs annamites formées par nos admirables Sœurs de Saint-Paul de Chartres soignent les malades et les malheureux victimes nombreuses de l'imprévoyance asiatique.

Ce pauvre hôpital n'a rien de comparable à une luxueuse clinique ; ce n'est pas le dernier cri dans la perfection médicale, il ne vise pas à éclipser l'Académie de Médecine ! Il n'en est pas moins la providence de ce coin perdu de brousse. Et dans beaucoup d'autres endroits, s'élèvent d'autres hôpitaux qui rendent le plus grand bien.

Les Frères des Ecoles chrétiennes complètent la grande œuvre catholique. Ils dirigent l'Ecole Puginier à Hanoi et à Haiphong l'Ecole Saint-Joseph. Une Ecole normale d'instituteurs chrétiens annamites est ouverte depuis peu à Nam-Dinh. Elle est destinée à former des maîtres qui apprendront, dans les écoles primaires, qui seront ouvertes dans toutes les missions, aux jeunes enfants annamites leurs devoirs d'hommes et de chrétiens. Ils formeront ainsi que l'écrivait un journaliste catholique du Tonkin « non des « gens infatués d'un vernis scientifique, mais des hommes « acceptant courageusement la divine loi du travail, ne sa- « chant que ce qu'ils doivent savoir, mais le sachant bien ».

L'école de Hanoi fut la première ouverte au Tonkin. Un compagnon du maréchal Joffre au Tonkin, alors capitaine du génie avec lui, le R. P. Lecornu, construisit cette école qui compte aujourd'hui 350 élèves tant Asiatiques que Français.

L'école Saint-Joseph de Haiphong a été réalisée par l'ancien Visiteur pour l'Indochine, le C. F. Camillé, à qui me lie une très grande amitié.

Le nombre des élèves progressant sans cesse, l'école de Haiphong fut reconstruite en 1922 et compte aujourd'hui 300 élèves dont 50 pensionnaires.

Quant à l'Ecole normale de Nam-Dinh, bien qu'à ses débuts, elle est au complet de ses 150 élèves tous Annamites.

Voilà, à grands traits, l'œuvre accomplie par les Missions Etrangères au Tonkin. C'est bien une œuvre coloniale au premier chef, et c'est pour cela que j'ai voulu lui donner la partie la plus importante de cette conférence. C'est par un peu de statistique — car la meilleure éloquence est bien celle des chiffres — que je terminerai cette partie de ma causerie.

La superficie des territoires du Tonkin est d'environ 90.000 kilomètres carrés ; la population est d'environ 8.200.000 habitants asiatiques parmi lesquels 131 Japonais. Nous sommes encore loin, vous le voyez de « l'invasion japonaise » que des gens mal informés de France se plaisent à nous prédire imminente en Indochine. Les Philippines, il est vrai, ne peuvent avoir la même tranquilité que nous à cet égard. Mais ceci est une autre histoire.

Au milieu de ces huit millions de jaunes, sont perdus seulement 8.962 Européens ; et dans ce très petit nombre, il y a 187 missionnaires français chargés de l'administration religieuse et de l'évangélisation des 90.000 kilomètres carrés.

Avec ces 187 missionnaires, il y a 568 prêtres indigènes pour assurer les besoins religieux de 736.784 catholiques indigènes.

Le Tonkin compte 706 églises ou chapelles,, 51 orphelinats, 135 hôpitaux ou dispensaires, 5 léproseries. Les soins sont donnés par les Sœurs de Saint-Paul de Chartres, aidées par 1.318 religieuses annamites qu'elles ont formées.

Ces chiffres se passent de commentaires ; ils sont la conclusion de cette partie de ma causerie, dans laquelle je souhaiterais avoir réussi à mettre suffisamment en lumière les grands services rendus au Tonkin par nos missionnaires.

Je voudrais avoir été assez persuasif pour vous montrer quel bien vous faites vous-mêmes, Mesdames et Messieurs, en apportant comme vous le faites, j'en suis persuadé, vos souscriptions à l'Œuvre de la Propagation de la Foi et à l'Œuvre de la Sainte Enfance. Soyez encore plus généreux, car les besoins sont grands de nos Missions, et il est de toute nécessité que l'effort se continue sans cesse pour la plus grande gloire de Dieu et aussi pour celle de la France.

■

Je me suis étendu un peu longuement sur le travail accompli au Tonkin par nos missionnaires et nos religieux. Cela m'a paru nécessaire, car tout ce que les Français ont pu faire de beau et de bien dans ce lointain et riche pays a été grandement facilité par le long travail préparatoire, si opinâtrement poursuivi pendant 300 ans par les apôtres de l'Evangile.

Depuis la campagne de 1885, la mise en valeur du Tonkin s'est poursuivie sans arrêt et ces dernières années ont vu s'accentuer prodigieusement le mouvement.

Le Tonkin est favorisé par la multitude de cours d'eau qui l'arrosent. C'est d'abord de Song-Koi, ou Fleuve Rouge, qui est la grande voie de pénétration dans l'intérieur du pays et au Yunnan, où il prend sa source. Il se grossit, au Tonkin de deux autres fleuves importants, le Da-Giang ou Rivière Noire, à l'Ouest, et le Lô-Giang ou Rivière Claire à l'Est, et après un parcours de 1.500 kilomètres, se répandant en de multiples bras que constitue son delta depuis Hanoï jusqu'à Haiphong, il vient verser ses eaux rouges et limoneuses dans le golfe du Tonkin. Le pays est de la sorte pourvu d'un abondant réseau naturel de voies de communications fluviales que fréquentent en très grand nombre toutes sortes d'embarcations : modestes sampans, jonques robustes, chaloupes annamites ou chinoises, luxueux steamers des services subventionnés assurant régulièrement les correspondances fluviales.

Des routes excellentes, bien entretenues, ont grandement favorisé le développement de l'automobilisme. Actuellement, près de 3.500 voitures de toutes forces et de toutes marques sillonnent le Tonkin dans tous les sens et jusque dans les coins les plus reculés de la brousse, grâce à un réseau routier de 5.285 kilomètres.

Seuls les hauts points de la frontière chinoise ou laotienne en sont encore réduits à des modes de transports qui sortent

Industrie indigène de la soie à Hadong. Embobinement.

de la banalité. C'est la chaise à porteurs sur les pistes près du Yunnan ; vers le Laos, dans les forêts, les transports à dos d'éléphants.

Les chemins de fer au Tonkin développent un réseau à voie d'un mètre encore trop peu étendu de 800 kilomètres. Une ligne part de Haiphong pour gagner la frontière chinoise à Lao-Kay, et de-là Yunnan-sen la capitale de la province du Yunnan. Une autre part de Hanoi vers Lang-Son et la frontière du Quang-Si ; enfin, une troisième, faisant partie du futur trans-indochinois qui doit un jour relier Saigon au Tonkin, part vers le sud et atteint, actuellement, Tourane, en Annam.

L'exploitation de ces chemins de fer est si brillante que la Compagnie des Chemins de fer du Yunnan vient, si j'en crois les derniers journaux qui me sont parvenus du Tonkin, de diminuer ses tarifs de transports de voyageurs ! Heureuse Compagnie, dans un heureux pays ! !

L'aviation est organisée sous le contrôle de l'autorité militaire et assure certains transports postaux. Le jour n'est certainement pas éloigné où ces transports seront assurés régulièrement avec les hautes régions du Laos encore presque inexploité, faute de moyens de pénétration.

Des villes riantes, proprement entretenues, ont été crées par les Français. Hanoi, la vieille capitale, s'est considérablement étendue embellie et assainie. C'est la ville administrative putôt que commerciale, c'est la résidence habituelle du Gouverneur général et le siège central de toutes les administrations publiques. Le chiffre de la population se maintient stationnaire avec 80.000 habitants dont 3.016 Européens.

Haiphong est entièrement de création française et donne l'impression d'une coquette ville, d'une station balnéaire de France dans ses quartiers européens. Cette ville est sortie des marécages que l'Empire d'Annam, avant la campagne du Tonkin, avait donnés à la France en concession. Aujourd'hui, c'est une ville parée de larges avenues avec des maisons chachées dans les nids de verdure.

Ces dernières années, le développement s'est accéléré dans des proportions très grandes. De 15.000 habitants en 1895, la population est passée à 40.000 en 1912, et elle est aujourd'hui de 103.833 habitants dont 1.869 Européens.

Haiphong est la première ville commerciale et industrielle du Tonkin. Des usines de plus en plus nombreuses se sont édifiées ces temps derniers dont je regrette de ne pas posséder de photographies. Je serai réduit à vous citer les vastes bâtiments de la Société des Ciments Portland de l'Indochine fondée assez modestement en 1899 et qui aujourd'hui profile sur le ciel les 15 cheminées de ses fours. Elle occupe 3.000

Pieds de caféiers âgés de deux ans.

ouvriers et produit 150.000 tonnes de ciment ou de chaux hydraulique annuellement. A l'autre extrémité de la ville s'élèvent les bâtiments de la Société industrielle de Chimie d'Extrême-Orient qui fabrique de la soude caustique du chlorure de chaux, de l'eau de Javel, les acides sulfurique et chlorydrique, et qui bientôt traitera les phosphates du Tonkin pour en faire des engrais chimiques.

Haiphong possède encore une fabrique de porcelaine entièrement montée par des Annamites ; des ateliers de constructions de navires dont l'une, la Société des Ateliers maritimes de Haiphong a lancé par ses propres moyens deux cargos de 1.500 tonnes. Une grande centrale électrique assure l'éclairage de Haiphong et des environs. La Société cotonnière du Tonkin, dans son usine de Haiphong, emploie 900 ouvriers annamites. La Société des Verreries d'Indochine fabrique des bouteilles et la Société des Verreries d'Extrême-Orient joint à cette même fabrication celle du verre à vitre.

Il y a à Haiphong de nombreuses rizeries françaises et chinoises, des ateliers et des bassins de radoub construits entièrement par les moyens locaux.

Enfin le Tonkin possède encore beaucoup d'autres industries. Exploitation de graphites dans la haute région, Usines pour l'éclairage des grands centres et la distribution de l'eau potable à Hanoi, Nam-dinh, etc. exploitées par l'importante Société Indochinoise d'Electricité ; les usines de la Société des Distilleries de l'Indochine.

Le bambou est une matière première autant dire inépuisable qu'exploite, pour en faire des papiers de toutes qualités, la Société des Papeteries de l'Indochine dans ses usines de Dap-Cau et de Viétri. La pâte à papier est expédiée jusqu'à Shanghai et les journaux du Tonkin s'impriment sur le papier sortant de Dap-cau.

Il convient de signaler la belle installation à Hanoi et à Haiphong de la Librairie très moderne et de l'Imprimerie de la Société « Imprimerie d'Extrême-Orient », où travaillent 400 ouvriers annamites sous la direction très compétente de techniciens français sortant de l'Ecole Estienne. Les travaux d'impression tirés par les presses de cette Société très florissante peuvent rivaliser avec les plus belles productions parisiennes.

Haiphong est le port du Tonkin et le débouché maritime de la province chinoise du Yunnan. Le port possède un outillage très perfectionné. C'est un des plus beaux depuis Marseille sur la ligne d'Extrême-Orient. Des grues de 20 tonnes et de 6 tonnes assurent les chargements et déchargements rapides des navires de jour et de nuit.

Grâce aux travaux de dragages régulièrement entrepris, les fonds, sur la barre du Cua-nam-Triêu, grand fleuve qu'il faut remonter pendant 22 kilomètres, permettent d'atteindre Haiphong à des navires de 8 m. 50 de tirant d'eau, c'est-à-dire aux plus puissantes unités de la Cie des Messageries Maritimes qui pour s'amarrer, ont le choix à des appontements d'une longueur de 800 mètres.

Le mouvement du port en 1923 a été de 750 navires pour un tonnage de 1.044.791 tonneaux ; il était en 1910 de 207.420 tonneaux seulement.

Il y a au Tonkin un nombre considérable de gisements miniers de toutes espèces : mines métalliques (zinc, antimoine, plomb, fer etc.) dont quelques uns sont exploités par des entreprises plus ou moins importantes, telles les exploitations de la Société des Etains et Wolfram du Tonkin, dans la région de Lang-son et l'usine montée avec les derniers perfections modernes pour le traitement du minerai de zinc à Quang-yên, près de Haiphong, par la Société Minière et Métallurgique de l'Indochine.

Mais la grande et prodigieuse richesse du sous sol tonkinois réside dans ses gisements de charbon surtout répandus dans la région des collines qui avoisinent le delta du Fleuve-Rouge.

La plupart de ces gisements s'exploitent à découvert. C'est le cas pour toutes les exploitations très importantes de la Société des Charbonnages du Tonkin à Hon-gay. Le charbon est un excellent anthracite comparable à l'anthracite anglais. Il y a eu ces temps derniers de nombreuses constitutions de Société minières pour la mise en exploitation de gisements plus ou moins considérables ; parmi ces Sociétés il convient de mentionner plus particulièrement l'une d'elles qui est appelée à un très brillant avenir commercial, c'est la Société des charbonnages de Ké-bao, qui a repris, avec des procédés modernes, l'exploitation effectuée jusqu'ici de façon très défectueuse par des moyens indigènes. Le gisement de Ké-bao est le prolongement de celui de Hongay et peut donner les mêmes espérances.

Quelques chiffres souligneront l'importance de la richesse houillière du Tonkin. Les exportations s'élevaient en 1907 à 321.400 tonnes ; elles ont atteint, en 1923, le chiffre de 1.650.000 tonnes. La plus grande partie de ce tonnage a été embarquée à Hongay.

Mais le Tonkin n'est pas qu'un pays industriel, et minier, c'est également un pays agricole. Le riz est pour l'indigène ce que le pain est pour nous. La culture du riz a donc une très grande importance non seulement au Tonkin, mais dans toute l'Asie entière.

Et cette culture est grandement favorisée au Tonkin grâce aux fleuves nombreux qui charrient un limon bienfaisant auquel les grandes pluies des orages tonkinois mêlent en abondance l'azote.

Il est nécessaire que l'eau recouvre toujours le sol. Dans les grandes plaines éloignées des fleuves, et dans lesquelles la culture était chétive, l'Administration française a entrepris de gigantesques travaux d'irrigation. C'est à son honneur. Elle a contribué ainsi à donner au paysan annamite une prospérité dont il n'avait jamais joui avant le protectorat français ; de ce fait, les grandes périodes de famine et de disette, qui accablaient ce peuple d'enfants imprévoyants qu'est le peuple annamite, se font de plus en plus rares. Il a été dépensé au Tonkin, pour les travaux d'irrigation, plus d'un million de piastres ; et quand le programme prévu par nos ingénieurs sera d'ici peu accompli, la dépense aura atteint la somme coquette de 11.475.000 piastres.

L'Indochine exporte annuellement 1.800.000 tonnes de riz ; dans ce chiffre, le Tonkin entre pour 600.000 tonnes qui constitue l'excédent sur les besoins de la population locale, des deux récoltes annuelles.

D'autres cultures sont pratiquées avec un succès croissant au Tonkin. Si le Caoutchouc est la culture de prédilection de la Cochinchine, et aussi du Sud Annam, comme celle du

Industrie de la soie. Embobinage. Ouvrières annamites surveillant leurs machines.

coton et du poivre est la culture principale du Cambodge, le Tonkin semble être la terre du café. Ces dernières années, groupant les efforts financiers et techniques de gens aimant le Tonkin et ayant foi ardente dans les destinées de ce pays, des Sociétés très sérieuses se sont constituées avec une belle audace, à un moment où la guerre mondiale laissait les gens et les organisations financières inquiètes et indécises.

Il y a encore d'autres productions tentées par les planteurs français qui réussissent parfaitement : jute, thé, tabac, canne à sucre. etc.

Voici un aperçu des exportations de ces produits en 1923 pour le seul port de Haiphong :

Cafés verts	596.800 kgs.
Thés en feuilles ou en fleurs	689.200
Huile de ricin	172.200
Sticlaque et gomme laque	552.400
Benjoin	20.100
Essence de badiane	166.300

Parmi les institutions officielles qui rendent à l'agriculture tonkinoise de signalés services, il convient de mentionner particulièrement l'Observatoire Central de l'Indochine. Il fut installé sur une petite montagne, près de Haiphong, et dirigé pendant vingt ans par un homme éminent M. Georges Le Cadet. Cet Observatoire est en relation constante avec les établissements similaires d'Extrême-Orient ; ses indications précises et scrupuleuses nous aident à nous défendre, autant que faire se peut, contre cette calamité épouvantable que sont, pour l'Indochine, les typhons. Les indications données par l'Observatoire de l'Indochine, sont aussi d'un secours précieux pour l'aviation au Tonkin.

■

Terminons par une petite excursion, en compagnie de nos amis les RR. PP. Barbier et Vandaele, aux sites enchanteurs de la belle et mystérieuse baie d'Along.

Et nous rentrerons ensuite prendre à Haiphong le paquebot qui nous ramènera vers la France.

J'ai terminé. Puissé-je vous avoir intéressés et réussi à vous donner une idée de l'importance de l'œuvre accomplie à ce jour par la France dans une de ses colonies lointaines. Il y a, répandus sous toutes les latitudes dans nos colonies, quelques milliers de français qui remplissent courageusement leurs devoirs patriotiques d'une manière qui, pour être effacée, n'en est pas moins très profitable au pays. Nos colonies, si nous sachions dans toutes les classes de la Société, le vouloir, devraient aider bien davantage au relèvement économique de la France.

Aujourd'hui, 21 avril, dans toute l'étendue d'un pays, une grande journée coloniale est organisée. Qui exalte ainsi avec tant d'à propos l'idée coloniale parmi les masses du peuple ? Est-ce la France ? Hélas non ! Nous avons d'autres et bien méprisables préoccupations, et Moscou a dû le défendre à nos gouvernants ! C'est en Italie que se passe ce grand événement. Mussolini complète son œuvre de régénération nationale.

Par un signal radiotéléphonique donné du Capitole, et recueilli par toutes les villes d'Italie et des colonies, depuis la Tripolitaine jusqu'à l'Erythrée, Mussolini a réveillé le sentiment colonial. Partout des orateurs, des gouverneurs de colonies expliquent aux italiens que les colonies constituent un des principaux éléments de prospérité et de prestige pour le pays. Et pour mieux stimuler l'activité coloniale de ses compatriotes, le grand ministre fait avec éclat très grand la visite de la Tripolitaine.

Pendant ce temps, chez nous, on semble prendre un malin plaisir à accumuler toutes les fautes possibles pour détruire nos colonies, où certains gouverneurs, que je veux croire d'orgueilleux inconscients, deviennent les fourriers du bolchévisme.

Les vainqueurs du 11 mai 1924 ont voulu toutes les places, comme ils le proclamaient cyniquement. Aux colonies ils les ont très vivement prises en y casant les Steeg, les Viollette et les Varenne, dans des proconsulats où ces bons socialistes ont vu surtout une source de grands profits personnels.

Je sais bien que, parmi les jeunes, un mouvement se dessine d'émigration vers les colonies même les plus lointaines. Encore que ce mouvement soit en grande partie provoqué par les difficultés actuelles de la vie en France, il n'en marque pas moins — et il faut s'en réjouir — une amélioration de notre état d'esprit ordinairement casanier. La France, je le sais bien moi, est un des plus beaux pays du monde et celui où la nature non contrariée par la politique aurait pu faire la vie plus douce. On ne la quitte jamais sans un regret cuisant.

L'écope à balancier « gâu song », en bambou tressé de 0 m 70 de long, munie d'un manche de 0 m. 50 à 2 m. Elle est suspendue par une corde à un haut trépied formé de 3 grands bambous. Un seul ouvrier la manœuvre.

Mais m'adressant aux jeunes qui m'écoutent, il est de mon devoir de leur parler, comme Albert Sarraut le fit il y a quelques années, étant Ministre, aux élèves de l'Ecole coloniale, pour leur indiquer leur devoir :

Si vous voulez vous expatrier un jour, scrutez bien d'abord le fond de votre cœur.

Si vous voulez voir, dans la vie coloniale, uniquement les avantages qu'elle offre sur la vie étroite qui peut être la vôtre en France ;

Si vous êtes attirés par ce que l'on a appelé bien exagérément la « vie large des colonies » ;

Si vous n'envisagez que des satisfactions d'ordre matériel qui, sans aucun doute, sont loin d'être négligeables ;

Si, fixant impérativement un temps le plus court possible à votre séjour colonial, vous ne voulez voir dans la situation que vous solliciterez que le moyen de gagner très vite beaucoup d'argent ;

Si enfin vous craignez l'épreuve, sous quelque forme que vous l'envisagiez, même la plus cruelle ;

Oh ! alors ne partez pas !

Les difficultés, les dangers, qui ne sont épargnés à aucun de nous, l'insuccès même ou la maladie possible, ne tarderaient guère à vous faire prendre en grippe un pays cependant merveilleux où la vie est frémissante.

La cause coloniale veut un abandon total de soi.

Car être colonial n'est pas un état, mais une véritable vocation tout comme celle de l'apôtre, du soldat, de l'éducateur.

Le Français, au Tonkin, — et dans toutes nos colonies il en doit être ainsi — quelle que soit sa situation et sa condition, doit se souvenir toujours que, devant l'indigène qui l'observe, il représente la France.

Il comprendra la tâche qui s'impose à lui s'il est un apôtre de la Religion et de la Patrie, s'il est un éducateur des indigènes en les impressionnant par la dignité de sa vie et la droiture de sa conscience, si, à l'occasion, enfin, il sait défendre de toutes les manières le sol lointain qui, grâce à nos missionnaires et nos soldats, fait partie du domaine colonial de la France.

Mais si, jeunes gens, ayant un très haut idéal ou un désir d'apostolat religieux, après avoir bien sondé votre cœur vous pouvez vous convaincre que vous résisterez aux entrainements d'une vie où l'initiative plus grande qu'il faut avoir là-bas multiplie les occasions de chûte ;

Si vous vous sentez l'ardeur de travailler n'importe quand et n'importe où, sous la rigueur d'un climat où parfois l'on souffre ;

Si vous vous sentez la force de subir sans faillir la nostalgie de la Patrie ;

Si enfin pour cheminer dans cette vie nouvelle et si belle, vous pouvez emmener pour partager les joies et les peines de votre foyer une jeune compagne aussi courageuse que vous ;

Ah ! alors, partez sans regrets et avec pleine confiance.

Peut-être, comme d'autres, vous réussirez, ayant en même temps élargi les horizons de votre intelligence, et vous vous attacherez avec passion à un pays qui vous aura donné de vivre des journées saines et profitables.

Mais si comme d'autres encore — car là-bas aussi, nombreuses sont les victimes de la vie — vous succombez un jour à la tâche, ayant la satisfaction intérieure d'avoir fait tout votre devoir de chrétien et de français, votre travail, croyez-le, n'aura pas été vain, il s'ajoutera à celui, immense, des premiers pionniers de la civilisation française dont je viens de faire rapidement l'histoire.

Et dans cette vie terrestre, qui n'est qu'un passage, vous aurez bien mérité de Dieu et de la France.

Paris, 21 avril 1926.

Habitation « Man » bâtie, chose assez rare, à même le sol

15 août 1927. — S. G. Mgr Gendreau entouré de mandarins catholiques et de prêtres indigènes.

APPENDICE

Remise de la croix de la Légion d'honneur à Mgr. Gendreau, évêque de Hanoi

DISCOURS PRONONCE PAR M. TISSOT, RESIDENT SUPERIEUR HONORAIRE

le 15 août 1927.

Monseigneur.

Vous m'avez fait un grand honneur, en me demandant de vous remettre la Croix de Chevalier de notre ordre national. J'ai accepté avec empressement de vous servir de parrain car votre choix vous a été dicté par un sentiment de délicate amitié pour celui auquel, à son arrivée au Tonkin, en mars 1893, vous faisiez un accueil dont le temps n'a pas brisé le souvenir.

En dépit du désir que j'en aurais, Monseigneur, je renonce à retracer, même en un bref raccourci, les longues étapes de votre existence de missionnaire ; à essayer de montrer l'unité merveilleuse d'un épiscopat qui a dépassé sa 40e année. Pour mettre convenablement en lumière, sans en réduire l'importance, votre action féconde, ainsi que l'autorité qui s'attache à votre nom respecté, il me faudrait élargir, au delà de toute limite, le cadre de cette allocution ; votre aversion pour les mots qui flattent, pour la louange même la plus légitime, ne me le pardonnerait qu'à regret.

Et, qu'apprendrais-je, je l'avoue — qu'ils ne sachent déjà, — à la plupart de ceux qui m'écoutent : — à ceux notamment qui ont été soit les confidents de vos espoirs, soit les témoins constants, les auxiliaires zélés d'un labeur qu'aucun obstacle, qu'aucun déboire n'ont relenti, ni fait fléchir.

Depuis plus de 54 ans, votre vie a été trop fréquemment mêlée à l'histoire du Tonkin, pour qu'on puisse ignorer, malgré la discrétion où vous vous complaisez, les services nombreux et éminents que vous avez rendus à ce pays et à la France.

De vous, il est permis de dire, comme de votre prédécesseur et maître, Monseigneur Puginier dont la haute figure est si attachante, — que vous êtes l'un des meilleurs artisans de l'œuvre française en

Indochine. Et j'ajouterai, en m'exposant encore au risque de vous déplaire par l'inobservation de mes engagements, que vous avez puissamment concouru à élever l'édifice qui s'impose ici à l'admiration de nos rivaux en matière de colonisation, et dont la solidité est devenue une des conditions de la prospérité de la France.

Fidèle aux traditions dont nos missionnaires n'ont jamais rompu la chaîne, vous n'aviez, en vous séparant, non sans tristesse, de votre famille, et en vous éloignant de la terre natale, que deux nobles ambitions : Servir l'Eglise, Servir la France.

Et vous avez eu la fortune de les contenter l'une et l'autre.

Par l'accord d'une initiative entreprenante et d'une administration aussi prudente qu'expérimentée vous avez augmenté le champ d'apostolat au Tonkin ; — vous avez en même temps accru le rayonnement si doux, si bienfaisant de la France, la plus humaine, la plus généreuse des nations. En entretenant et développant autour de vous une atmosphère de confiance et de sympathie touchante, vous avez attiré les populations à nous ; — vous les avez marquées d'une empreinte française durable, sinon ineffaçable, et gagnées à notre cause, malgré les contrastes de civilisation et les dissemblances de tempéraments, plus sûrement par le don affectueux de votre cœur que par l'appât d'une sollicitude vigilante. Par surcroît, — résultat non moins inestimable ; — en travaillant pour « leur bien et soulagement », vous avez affaibli les oppositions de races, qu'il est si difficile d'éviter complètement, qui se traduisent par des luttes et des conflits stériles et reculent l'heure du rapprochement loyal et définitif.

Ce n'est pas d'hier que l'action religieuse s'est révélée éducatrice, à un haut degré. L'auteur des Origines de la France contemporaine, notre grand historien Taine, était convaincu de la « bonté sociale » des religions. Il est incontestable que la base la plus ferme, le lien le plus résistant d'une association politique, résident autant dans l'association des intérêts matériels, que dans la communauté de morale et d'instruction. Il s'en suit que l'action religieuse, là où elle peut se donner libre cours, coopère, non moins efficacement que l'action laïque, — qu'elle renforce et seconde, à créer une similitude d'idées et de sentiments, à favoriser une entente, à défaut desquelles l'objectif que nous poursuivons resterait à peu près inaccessible. Nul n'oserait le nier, après avoir vu, comme moi, ce qu'elle a obtenu en Indochine ; ce qu'elle a également obtenu dans les autres contrées où la doctrine de charité et de fraternité du Christ est enseignée et propagée. On serait mal fondé à tirer argument du fait que des indigènes, — faisant étalage d'un scepticisme tendancieux, proclament que les barrières qui nous séparent des Annamites sont condamnées à ne s'abaisser jamais. Ces oracles bénévoles, dont les appréhensions en grande partie sont simulées, sont en minorité, remarquons-le, et leur manœuvre est grossière, pour n'être pas surprenante.

Fascinés par le prestige dont s'entoure l'exercice du pouvoir ; impatients, malgré leur manque de maturité, de jouer un rôle de premier plan, ils s'ingénient à capter à leur profit la force que représentent les masses. Leurs visées ne vont guère plus loin.

Dupes de leur égoïsme présomptueux et dédaigneux de leur véritables intérêts, ils assisteraient en spectateurs satisfaits à l'écroulement de nos projets, et applaudiraient à l'échec de nos tentatives pour dissiper équivoques et malentendus,... apaiser les rancunes nationales.

Battre en brèche, paralyser l'action religieuse ; à plus forte raison, la frapper d'ostracisme, constituerait donc une erreur, dont les conséquences fâcheuses et irrémédiables apparaitraient tôt ou tard.

Le moment n'est pas, certes, de puiser dans des conceptions philosophiques même très respectables, des prétextes subtils à des antagonismes irritants. Maints problèmes complexes, maintes questions redoutables, se posent et réclament toute notre attention.

Réussirons-nous à en trouver la solution en dehors d'une union sincère et courageuse ? N'ayons pas trop d'illusion à ce sujet.

Lorsqu'on médite, affranchi de toute prévention, sur l'œuvre des missions françaises dans le monde, on s'explique aisément la place qu'elles ont prise partout ; là surtout où dominait une civilisation saturée de matéralisme, vide et desséchante, peu apte à correspondre aux aspirations supérieures, à calmer les anxiétés de l'âme. Les peuples ont besoin de foi, autant qu'ils ont besoin d'espérance. L'idee sévère du devoir ne parvient pas toujours, à elle seule, à gouverner notre conduite, et il arrive qu'elle ne suffise pas à atteindre aux âpres sommets de la vertu stoïque. Est-il possible, par ailleurs, de demeurer indifférent devant l'idéal qui, non seulement a fait jaillir une foule d'œuvre admirables, — de ces œuvres que Saint Vincent de Paul appelait des « œuvres de miséricorde », mais qui de plus a le don de rassurer tant de consciences inquiètes et de consoler tant de souffrances humaines.

Les peuples d'Extrême Orient, pour leur part, n'y sont pas restés insensibles. Très vite, ils en ont saisi la beauté et perçu la grandeur spirituelle. Ceux qui l'ont transplanté en leur pays ; ceux qui ont dressé devant leurs yeux, ainsi qu'un phare dans la nuit, l'exemple d'une vie de détachement et d'austère dignité, la vision d'un sort meilleur ; — ceux qui, enfin, animés par la passion enthousiaste du dévouement, ont jeté sur l'avenir, par dessus les obscurités et les orages du présent, parfois au prix du suprême sacrifice, l'arc de paix d'une immense espérance ; ceux-là ont mérité toute leur gratitude.

Monseigneur,

Devant chacun de nous s'ouvrent deux voies :
La voie large, c'est-à-dire la voie du moindre effort ;
La voie étroite, c'est-à-dire la voie tourmentée de l'effort intégral.

C'est parce que vous avez préféré la seconde à la première, et que votre regard ne s'est pas arrêté au proche horizon, — que vous n'avez pas travaillé ni peiné en vain.

La moisson que vous avez semée, parfois non sans souffrance, lève avec rapidité, et sa richesse croissante dépassera, j'imagine, vos rêves les plus hardis.

Elle n'est ni d'un jour, ni d'une année, cette moisson. Elle est des siècles.

En vérité, quand on la contemple, on a la certitude que vous avez rempli le plus beau destin d'un homme, dont la devise est :

Pour Dieu, pour la France.

Messieurs,

En conférant au Vicaire apostolique de Hanoi notre plus haute distinction nationale, le Gouvernement de la République Française et le Gouvernement de l'Indochine ont entendu honorer le digne continuateur des Pigneau de Béhaine et des Puginier ; le descendant de ces évêques qui, selon la parole de l'historien anglais Macaulay, « ont formé et conservé la France » et, aux jours sombres de brutalité et d'anarchie de l'âge féodal, sauvegardé la civilisation en péril.

Avec une joie profondément sentie, je salue le nouveau Chevalier de la Légion d'Honneur, S. Gr. Mgr Gendreau, doyen vénéré et universellement aimé des évêques de la France d'Asie. Le vœu le plus cher de ses amis, le vœu ardent de tous, est qu'il préside pendant de longues années encore aux destinées religieuses du vicariat apostolique de Hanoi.

www.ingramcontent.com/pod-product-compliance
Ingram Content Group UK Ltd.
Pitfield, Milton Keynes, MK11 3LW, UK
UKHW022131260726
13993UKWH00003B/1364